Czytamy bez mamy

Wycieczka do zoo

Clémence Masteau
Caroline Modeste

WYDAWNICTWO
WD
DEBIT

Tytuł oryginału
La sortie au zoo

Autor **Clémence Masteau**
Ilustracje **Caroline Modeste**
Tłumaczenie **Elżbieta Krzak-Ćwiertnia**
Redakcja **Marta Stasińska**
Korekta **Teresa Dziemińska**

Copyright © 2015 Editions AUZOU Paryż, Francja
Copyright © 2016 Wydawnictwo DEBIT sp. j.
Anna i Witold Wodziczko

ISBN 978-83-8057-064-1

Wydawnictwo DEBIT sp. j.
ul. M. Gorkiego 20
43-300 Bielsko-Biała
tel. 33 810 08 20
e-mail: handlowy.debit@onet.pl

Zapraszamy do księgarni internetowej na naszej stronie:
www.wydawnictwo-debit.pl

Wycieczka do zoo

Uczniowie pierwszej klasy spędzą dzisiejszy dzień w zoo. Autokar właśnie zatrzymał się przed bramą.

– Jesteśmy na miejscu – mówi pani
Magda. – Nie zapomnijcie zabrać ze
sobą plecaków!

Przy wejściu do zoo z panią Magdą
rozmawia pan strażnik. Ma wąsy,
przez co wygląda bardzo poważnie.
Wychowawczyni udziela dzieciom
wskazówek.

– Na czas spaceru po zoo tutaj
zostawimy nasze plecaki – informuje
wychowawczyni. – Wrócimy po nie
przed drugim śniadaniem.

Gdy tylko plecaki zostają odłożone,
Ola woła:
– Chodźcie tu szybko! Musicie to
zobaczyć! Malutkie kangurzątko siedzi
w torbie swojej mamy!

Nieco dalej Leon podziwia różowe flamingi. Reszta klasy gdzieś biegnie. Nic dziwnego, bo dzieci zobaczyły tygrysa. Leon woli nie zbliżać się do drapieżnika.

– Możesz tu podejść – zapewnia go Ola. – Tygrys odpoczywa zamknięty w klatce.

Ranek szybko mija. Podziwianie ptaków, węży i słoni jest pasjonujące!

W południe pani Magda woła dzieci. Wszyscy udają się do punktu zbiórki.

– A zebry i żyrafy? Jeszcze nie zobaczyliśmy wszystkiego – mówi zawiedziony Leon.

Wizyta w zoo wcale się jednak nie kończy. Nadeszła pora na piknik!

Każde dziecko odnajduje swój plecak.
Nagle Ola zaczyna płakać, bo jej
plecak zniknął. Kiedy dzieci jedzą
śniadanie, wychowawczyni udaje się
po pomoc do strażnika.

Leon proponuje Oli, że podzieli się z nią śniadaniem.

– Mam **nadzieję**, że pan strażnik go znajdzie... Mój plecak był taki ładny! – żali się dziewczynka koledze.

Wychowawczyni wraca do dzieci
sama, bo pan strażnik jest zajęty.
– Plecak chyba się nie odnajdzie –
szepcze Leon.

Śniadanie dobiega końca. Dzieci na pewno zapamiętają dzisiejszą wizytę w zoo. Nagle pojawia się pan strażnik.

– To mój plecak! – woła uradowana dziewczynka.

Strażnik nie jest jednak sam. Towarzyszy mu małpka Fifi, która jest na smyczy.

– To ona odpowiada za zniknięcie twojego plecaka – wyjaśnia z uśmiechem. – Zabrała go i zjadła twoje śniadanie. Nie można było jej złapać, ale w końcu mi się udało.

Pełen niespodzianek dzień
w zoo dobiega końca.
Zadowoleni Leon i Ola siadają
koło siebie w autobusie.

 Dzień **OLI** i **LEONA**

1 Ułóż obrazki w odpowiedniej kolejności.

Pan strażnik
wraca z Fifi
i plecakiem.

Autokar
podjeżdża
pod zoo.

Wszyscy
zabierają swoje
plecaki. Brakuje
plecaka Oli.

Dzieci oglądają
zwierzęta.

Uczniowie
zostawiają
swoje plecaki.

Leon dzieli się
drugim śniadaniem
z Olą.

2 **Odpowiedz na poniższe pytania:**

Jak dzieci dotarły do zoo?

Komu pomógł Leon?

Czy wizyta w zoo
zakończyła się zaraz
po śniadaniu?

Czego szukał pan strażnik?

 # Dzień OLI i LEONA

3 **Dopasuj obrazek do zdania.**

Dzieci odbierają plecaki.

Tygrys odpoczywa w klatce.

Wychowawczyni idzie poszukać pana strażnika.

Leon i Ola trzymają się za ręce.

Dzień OLI i LEONA

4 **Czy wiesz, co oznaczają poniższe słowa?**

Ktoś wygląda **poważnie**.

Ktoś wygląda na złego.
Ktoś wygląda na surowego.
Ktoś wygląda na silnego.

Zwierzę jest **drapieżne**.

Zwierzę jest szalone.
Zwierzę jest ciche.
Zwierzę jest niebezpieczne.

– Plecak chyba się nie odnajdzie – **szepcze** Leon.

– Plecak chyba się nie odnajdzie – mówi wolno Leon.
– Plecak chyba się nie odnajdzie – mówi cicho Leon.
– Plecak chyba się nie odnajdzie – mówi głośno Leon.

Pan strażnik rozmawia z wychowawczynią.

Policjant rozmawia z wychowawczynią
Osoba, która pilnuje zoo, rozmawia z wychowawczynią.
Osoba, która karmi zwierzęta, rozmawia
z wychowawczynią.

 Odpowiedzi na wszystkie pytania znajdziesz w tekście.
W razie trudności poproś o pomoc dorosłego.

Czytamy bez mamy

Wizyta w bibliotece

I
poziom

Clémence Masteau – Caroline Modeste   WD

Tym razem sympatyczni pierwszoklasiści odwiedzają bibliotekę i dowiadują się, w jaki sposób mogą znaleźć interesującą ich książkę. Każdy uczeń otrzymuje zadanie do wykonania, lecz Ola zamiast wypełniać polecenie pani, ulega czarowi tego niezwykłego miejsca. Co z tego wyniknie? Kto wybawi dziewczynkę z opresji?